AF242966

LR ¹² 262.

LETTRE

DES DÉPUTÉS

DE S.-DOMINGUE

AU ROI.

Pour être remise à SA MAJESTÉ, au Conseil d'État.

MARS, 1790.

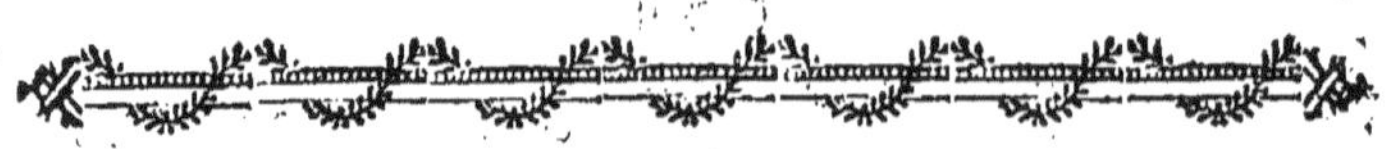

LETTRE

DES DÉPUTÉS DE S.-DOMINGUE

AU ROI,

POUR être remise à SA MAJESTÉ,
au Conseil d'Etat.

SIRE,

LES DÉPUTÉS DE S.-DOMINGUE ont vu avec la plus
grande satisfaction que le sage Décret de l'ASSEMBLÉE
NATIONALE, que VOTRE MAJESTÉ a bien voulu SANC-
TIONNER, alloit sans doute procurer à la Colonie le
calme qu'elle desire, resserer de plus en plus les liens
qui l'unissent à la Métropole, & mettre tous les Colons
à portée de renouveller à VOTRE MAJESTÉ les ex-
pressions de leur fidélité inaltérable.

CEPENDANT, au moment d'expédier pour S.-Do-
mingue le Décret de l'Assemblée, & vos ordres, SIRE,
les Députés de S.-Domingue n'ont pu se défendre d'un

A

mouvement d'inquiétude qu'ils dépofent avec confiance dans le fein paternel de leur Souverain.

Tous les Décrets de l'Affemblée Nationale, fanctionnés par VOTRE MAJETÉ, ont été adreffés aux Cours de Judicature du Royaume, avec ordre de les tranfcrire fur leurs Regiftres, & de les faire publier.

DONC le Décret de l'Affemblée Nationale fur les Colonies, auffi-tôt qu'il fera muni de la Sanction Royale, devra être adreffé aux Confeils Supérieurs des Colonies, pour tranfcription en être faite, & publication ordonnée.

SANS cette formalité, la Loi ne feroit pas revêtue de cette dernière forme qui peut feule manifefter aux Peuples l'obligation de s'y foumettre.

ICI fe préfente, SIRE, une difficulté de quelque confidération.

S.-DOMINGUE a toujours eu, jufqu'en 1787, deux Confeils Supérieurs, l'un au Port-au-Prince, l'autre au Cap. A cette époque ils furent réunis, en vertu d'un Edit furpris à la religion de VOTRE MAJESTÉ; & cette RÉUNION DÉSASTREUSE fit le défefpoir de la Province du Nord. Depuis cette époque, elle n'a ceffé de réclamer avec force contre une opération qui, fous mille rapports, trop pénibles à expofer à VOTRE MAJESTÉ, parce qu'ils affecteroient douloureufement fon cœur, portoit une atteinte préjudiciable à l'exiftence & à la fortune des Habitans de la plus floriffante partie de la Colonie.

CE GRIEF fut le principal motif qui fit defirer à S.-Domingue d'avoir des Repréfentans aux Etats-Généraux.

DÈS que la Province du Nord eut nommé fes DÉPUTÉS, elle leur remit des Cahiers dont le premier article contenoit la miffion EXPRESSE de réclamer de la juftice de la Nation & du Roi le RÉTABLISSÉMENT du Confeil du Cap, auquel eft attaché la profpérité de cette dépendance.

LES Députés de S.-Domingue, fidèles à leur mandat, ont follicité fans relâche, auprès du Miniftre de la Marine l'exécution du vœu réitéré de leurs Comettaans.

ILS ont appris, par les Dépêches dont ce Miniftre a fait part il y a quelques jours à l'Affemblée Nationale, que la Province du Nord, excédée d'une privation fi préjudiciable à fes vrais intérêts, défefpérée de voir fes Habitans éloignés de 60 lieues de l'unique Tribunal Supérieur de l'Ifle, dans un pays où le climat eft brûlant, où le fol eft defféché, où il n'y a ni chemins, ni voitures publiques, ni auberges, avoit pris le parti de rappeller l'ancien Conseil du Cap, sous prétexte des irrégularités qui avoient entouré sa suppression; qu'elle avoit enjoint aux Magistrats présens de reprendre leurs fonctions, & qu'elle avoit remplacé les Défaillans, provisoirement, & sous le bon plaisir de VOTRE MAJESTÉ.

C'EST dans cette position que les Décrets de l'Assemblée Nationale, sanctionnés par le ROI, vont être scellés par M. le Garde des Sceaux, contresignés par le Secrétaire d'Etat du Département, & envoyés aux Administrateurs des Colonies, pour être adressés par eux aux Cours de Justice de chaque Gouvernement Colonial.

QU'ARRIVERA-T-IL à S.-Domingue? Le Gouverneur remettra au CONSEIL SUPÉRIEUR du Port-au-Prince les ordres du Roi, & ce Conseil, qui se prétend toujours le Conseil Supérieur de toute la Colonie, les transcrira sans doute sur les Registres, sans modifications, additions, ni restrictions; il en ordonnera la publication dans ce qu'il appelle sa Dépendance, c'est-à-dire dans la Province de l'Ouest, dans celle du Sud, dans celle du Nord, & cette publication aura probablement lieu dans les deux premières de ces Provinces; mais l'Assemblée PROVINCIALE DU NORD, qui a rétabli son ancien

Conſeil, & prononcé l'INCOMPÉTENCE de tout autre Tribunal dans SON RESSORT, ne voudra pas reconnoître l'enregiſtrement du Conſeil du Port-au-Prince, & la promulgation qui en ſeroit la ſuite ; elle ſe fonderoit peut-être même ſur un article du Décret de l'Aſſemblée Nationale qui ſemble aprouver ce qui a été fait juſqu'à ce jour.

VOILA donc la principale Province de S.-Domingue PRIVÉE de la communication des Décrets ſalutaires de l'Aſſemblée Nationale, & des ordres bienfaiſans de VOTRE MAJESTÉ ; la voilà néceſſairement SÉPARÉE du reſte de la Colonie ; voilà l'organiſation de ſes Aſſemblées Adminiſtratives IMPOSSIBLE, au moins ſous le mode propoſé aux deux autres Provinces, par l'inſtruction annexée aux Décrets ; enfin voilà le prétexte de mille troubles, de l'inſurrection, de l'anarchie, au lieu du bienfait de la tranquillité, de la Conſtitution, & de la Loi.

DANS cet état de choſes, quel parti conviendroit-il de prendre ?

LES DÉPUTÉS de S. - Domingue n'entreprendront point, SIRE, dans ce court Mémoire, l'apologie du rétabliſſement de l'ancien Conſeil du Cap. Ils voudroient ſeulement ſaiſir le ſeul moyen qui exiſte peut-être pour gagner le FOND, en fauvant les FORMES, & accorder à-la-fois la bonne volonté de la Nation, la dignité du Monarque, & le vœu formel & clairement manifefté par l'Affemblée Provinciale du Nord.

C'EST fous ce triple rapport, qu'ils ont l'honneur de fupplier VOTRE MAJESTÉ de vouloir bien pefer dans fa fageffe les confidérations qu'ils lui foumettent.

1°. LA Députation de S.-Domingue, AUTORISÉE expreffément par fes Commettans, renouvelle refpectueufement à VOTRE MAJESTÉ les inftances réitérées de la partie du Nord, pour obtenir le RÉTABLISSEMENT de l'ancien Confeil Supérieur du Cap, & la CONFIRMATION des Arrêts qu'il aura pu rendre depuis le 10 Janvier de cette année.

2° LE ROI, touché des demandes de fes fidèles Colons, qui fans doute ne lui font encore jamais parvenues, daigneroit, dans fa bonté, leur accorder la grace qu'ils follicitent, par l'organe de leurs Députés, & ordonner le RÉTABLISSEMENT pur & fimple de l'ancien Confeil Supérieur du CAP FRANÇAIS, fous le mode où il fe trouvoit lors de fa fuppreffion.

3° COMME l'Affemblée Provinciale du Nord à déja, provifoirement, & fous le bon plaifir du Roi, nommé à toutes les places de ce Tribunal, ne feroit-il pas de la générofité de VOTRE MAJESTÉ, & de fon amour pour la paix, de faire expédier à S.-Domingue des BREVETS EN BLANC, qui feroient remplis au defir de ladite Affemblée Provinciale du Nord.

4° A l'inftant où cette Cour aura été LÉGALEMENT & ROYALEMENT rétablie, le Gouverneur lui remettra, comme à celle du Port-au-Prince, les Décrets de l'Affemblée Nationale, fanctionnés par VOTRE MAJESTÉ, avec l'ordre de les tranfcrire purement & fimplement fur fes Regiftres, & de les faire publier & afficher dans fon reffort.

LES Députés de S.-Domingue penfent que cette propofition, CONFORME à la Loi, FLATTEUSE pour la Colonie, RESPECTUEUSE pour VOTRE MAJESTÉ, eft la feule qui puiffe réunir, fans aucune efpèce d'inconvéniens, tant d'intérêts divers, dont le choc pourroit, à deux mille lieues de l'Affemblée Légiflative, & du Pouvoir Exécutif fuprême, avoir les fuites les plus dangereufes.

DÈS que l'Affemblée Nationale aura organifé le POUVOIR JUDICIAIRE en France, fes Décrets feront pareillement envoyés dans les Colonies. Alors, réformant tous les vices des anciennes inftitutions, elles adopteront fans doute le nouveau régime, avec les modifications exigées par les localités, & les foumet-tront à l'Affemblée Nationale & à VOTRE MAJESTÉ, pour les approuver, s'il y a lieu.

LES Députés de S.-Domingue n'ont plus qu'un mot à ajouter, & ils fupplient inftamment VOTRE MAJESTÉ d'accueillir avec bonté cet hommage de la VÉRITÉ qu'ils lui doivent.

IL eft impoffible, SIRE, que S.-Domingue exifte, & faffe partie de l'Empire Français, fans avoir une liaifon précieufe & continuelle avec le Chef Suprême du Pouvoir Exécutif. Tant que ce Chef fuprême & paternel qui nous gouverne, & que nous chériffons, n'aura, entre les Colons & lui, d'autre intermédiaire qu'un MINISTRE qui a, malheureufement & A JUSTE TITRE, perdu la confiance de la Colonie. Comment un tel homme pourra-t-il être l'agent fidèle deftiné à entretenir entre le Monarque & fes Sujets, cette union intime, cette communication fi douce & fi néceffaire, qui fait tout-à-la-fois la force des Empires, & le bonheur des Souverains.

QUAND même, SIRE, il n'exifteroit pas déja contre M. DE LA LUZERNE plufieurs chefs d'inculpation très-graves, que la Colonie de S.-Domingue a CHARGÉ

SES DÉPUTÉS DE DÉNONCER A LA NATION, ce qui vient de se passer tout-à-l'heure, les troubles qu'un peu de modération de sa part dans l'exercice du pouvoir ministériel auroit prévenus, & que la Colonie tonte entière rapporte à l'abus qu'il a fait d'une autorité arbitraire, que notre bon Roi ne lui avoit déléguée que pour faire le bonheur des Colons; ce qui vient de se passer, disons-nous, ne seroit-il pas PLUS QUE SUFFISANT pour prouver incontestablement que ce Ministre & les Agens qu'il avoit employés n'ont certainement plus la confiance des Habitans de S.-Domingue.

TOUS les ordres signés de sa main, *à supposer qu'on les ouvre*, SIRE, appelleront autour d'eux la précaution de la méfiance; peut-être même, aux yeux des Colons justement prévenus, TANT DE FOIS TROMPÉS, sa signature empoisonneroit-elle jusqu'aux loix bienfaisantes de VOTRE MAJESTÉ & de la Nation. Ce seroit donc risquer beaucoup, sans doute, que de persister à faire panser les plaies d'une Province bien malade, par la main même à laquelle elle attribue ses blessures.

VOILA, SIRE, l'expression fidelle des sentimens des Députés de votre Colonie de S-Domingue. Jamais, non, jamais, depuis dix-huit mois, ces sentimens n'ont varié. Pourquoi faut-il que ce momeht soit le premier où ils parviennent à l'oreille du MEILLEUR des Rois.

Nous sommes avec respect,

S I R E,

DE VOTRE MAJESTÉ,

Les très-humbles & très-fidèles Sujets,

LES DÉPUTÉS DE LA COLONIE DE S.-DOMINGUE A L'ASSEMBLÉE NATIONALE.

LE Marquis DE GOUY D'ARCY.

DE THEBAUDIÈRES.

LE Comte DE REYNAUD, &c, &c.